Pais Brilhantes:
Ferramentas para gestão da emoção

O PSIQUIATRA MAIS LIDO DO MUNDO

AUGUSTO CURY

Pais Brilhantes:
Ferramentas para gestão da emoção

Principis

Esta é uma publicação Principis, selo exclusivo da Ciranda Cultural
© 2023 Ciranda Cultural Editora e Distribuidora Ltda.

Texto
Augusto Cury

Produção editorial
Ciranda Cultural

Editora
Michele de Souza Barbosa

Design de capa
Ana Dobón

Revisão
Fernanda R. Braga Simon
Luciana Garcia

Imagens
Login – stock.adobe.com;
Evgeny Atamanenko/shutterstock.com
Simple Line/shutterstock.com

Diagramação
Linea Editora

Dados Internacionais de Catalogação na Publicação (CIP) de acordo com ISBD

C982p	Cury, Augusto
	Pais brilhantes - ferramentas para gestão da emoção / Augusto Cury. - Jandira, SP : Principis, 2023.
	80 p. ; 15,50cm x 22,60cm. - (Augusto Cury)
	ISBN: 978-65-5552-852-7
	1. Autoajuda. 2. Brasil. 3. Educação. 4. Filhos. 5. Pais. 6. Jovens. 7. Família. 8. Relacionamento. I. Título. II. Série.
2023-1063	CDD 158.1 CDU 159.92

Elaborado por Lucio Feitosa - CRB-8/8803

Índice para catálogo sistemático:
1. Autoajuda : 158.1
2. Autoajuda : 159.92

1ª edição em 2023
www.cirandacultural.com.br
Todos os direitos reservados.
Nenhuma parte desta publicação pode ser reproduzida, arquivada em sistema de busca ou transmitida por qualquer meio, seja ele eletrônico, fotocópia, gravação ou outros, sem prévia autorização do detentor dos direitos, e não pode circular encadernada ou encapada de maneira distinta daquela em que foi publicada, ou sem que as mesmas condições sejam impostas aos compradores subsequentes.

SUMÁRIO

Aos pais 7

Introdução 9

Saúde mental 12

A educação escolar 18

O biógrafo do cérebro 26

As janelas da memória 34

O processo de construção de pensamentos 40

Os tipos de pais 46

Sucessores e herdeiros 52

A síndrome do pensamento acelerado 56

As diferenças entre um Eu maduro e um Eu imaturo ... 60

Pais admiráveis, agradáveis e encantadores 66

Carta para pais brilhantes 72

Sobre o autor 77

AOS PAIS

Algumas pessoas me consideram o escritor mais lido do país na última década, outras me consideram o psiquiatra mais publicado do mundo na atualidade, mas o que mais sou é um eterno aprendiz. E eu espero que você, pai e mãe, se coloque também como eterno aprendiz para educar seus filhos. Porque educar filhos é uma tarefa complexa, mais complexa do que dirigir uma cidade, um país ou uma empresa com milhares de colaboradores.

Portanto, por favor, abra sua mente para que possa conhecer o funcionamento do intelecto, para que entenda minimamente o processo de formação da personalidade, para que, consequentemente, possa intervir com inteligência na educação dos seus filhos, no desenvolvimento das habilidades mais importantes, para que eles tenham uma mente livre, sejam emocionalmente saudáveis e tenham mais condições de ser autores de sua própria história.

Augusto Cury

INTRODUÇÃO

Ao longo de mais de trinta anos de pesquisas e trabalho, eu desenvolvi (e falo isso com muita humildade) uma teoria que estuda uma das últimas fronteiras da ciência, se não a última, que é o processo de construção de pensamentos e o processo de formação da consciência existencial e do Eu como gestor da mente humana.

Considere que você, provavelmente, nunca mais será o mesmo. Como você entende as minhas palavras? Perceba que você entra na memória em milésimos de segundos e, entre meio bilhão de opções, entende cada verbo que eu conjugo, cada pronome, cada substantivo, cada adjetivo... Como você faz isso?

Essa última fronteira da ciência estuda exatamente isto: os fenômenos nos bastidores da mente humana que podem nos libertar ou nos aprisionar. Fenômenos capazes de nos levar a desenvolver uma mente criativa, ousada, proativa, ou uma mente aprisionada, asfixiada e autopunitiva.

É por isso que quero que você mergulhe na sua própria mente para entender que somos seres tão complexos que, quando não temos problemas, nós os criamos! Um exemplo disso é que seu filho pode estar desenvolvendo pensamentos perturbadores, como sentimento de culpa, sofrimento por antecipação, medo do que os outros pensam e falam dele, sentimento de incapacidade, e você nem sabe. E assim o cérebro dele está acumulando mais lixo do que a cidade mais poluída do mundo; na mente dele, está sendo construída uma série de cárceres, maior do que nos países mais violentos da atualidade, mas você não tem conhecimento disso. Portanto, ao mergulhar em si mesmo, ao entender minimamente o processo de construção de pensamentos, o processo de formação do Eu e as ferramentas de gestão da emoção, eu espero que você tenha sensibilidade, inteligência e sabedoria para que seus filhos não apenas pisem na superfície do planeta mente, mas entrem em camadas mais profundas da sua psique.

Para que eles possam desenvolver saúde emocional, nós temos de investir na nossa própria saúde emocional.

SAÚDE
MENTAL

Todos os dias, você produz milhares de pensamentos; todos os dias, produz centenas de emoções. Diariamente, são produzidos muito mais pensamentos do que emoções, mas quanto desses pensamentos e emoções estimula o desenvolvimento da saúde emocional? Quantas construções de sua mente o estimulam a ser inventivo e a escrever os capítulos mais nobres da sua história nos momentos considerados os difíceis de sua vida?

Muitas vezes, nos bastidores de nossa mente, nós somos escravos vivendo em sociedades livres, e eu espero que você entenda que, para pacificar a mente dos nossos filhos, é necessário pacificar a nossa própria mente. Para que eles possam desenvolver saúde emocional, nós temos de investir na nossa saúde emocional. Para que eles possam não ter medo da vida, desenvolver coragem, uma agenda ousada e proativa, nós não podemos nos intimidar diante das contrariedades e dificuldades da vida. Mas como *você* lida com seus focos de tensão? Como *você* lida com as opiniões que o(a) machucam, que o(a) ferem? Como *você* trabalha as pessoas que

A nossa psique não tem proteção mínima para que possamos ter uma mente brilhante em uma sociedade altamente interessante.

o(a) decepcionam? Como *você* protege a sua mente diante dos estímulos estressantes?

Toda casa tem portas e janelas. Observe atentamente a sua experiência de vida: a sua mente tem portas e janelas? Você sabe se proteger? Sobre a mente de seus filhos, quando alguém os ofende, quando alguém os decepciona ou quando alguém os critica: você os ensina a se proteger, a filtrar estímulos que imprimem dor, frustração e perdas? A nossa psique não tem proteção mínima para que possamos ter uma mente brilhante em uma sociedade altamente interessante.

Como psiquiatra e pesquisador do processo de construção de pensamentos e formação do Eu, como gestor da mente humana, fiquei tão preocupado ao longo do exercício da minha profissão (já fiz mais de vinte mil atendimentos psiquiátricos e psicoterapêuticos) que senti a necessidade vital de desenvolver ferramentas preventivas; porque não é justo esperar as pessoas adoecerem para depois tratá-las. Sim, a psiquiatria e a psicologia clínicas têm uma importância fundamental para o tratamento da síndrome do pânico, da ansiedade generalizada, do transtorno obsessivo-compulsivo, dos vários tipos de depressão.

Por outro lado, esperar que alguém adoeça para depois oferecer tratamento não é a forma mais altruísta e solidária de abraçar a humanidade, de dar o que nós temos de melhor para que essa pessoa possa ser feliz, generosa e saudável. Por isso, há mais de vinte anos, eu idealizei o Programa Escola da Inteligência, e há dez anos ele tem sido aplicado. Esse é o primeiro programa mundial de gestão de emoções para crianças e adolescentes.

Atualmente, mais de mil escolas já o aplicam como parte da grade curricular dos alunos. Em uma aula por semana, crianças e jovens aprendem o que vai muito além da matemática numérica; aprendem a matemática da emoção, na qual dividir é aumentar, ou seja, aprendem a dirigir os seus problemas para aumentar a capacidade de superação. Nessa aula semanal do Programa Escola da Inteligência, os alunos aprendem não apenas as regras da gramática e da sintaxe, mas também a dialogar consigo mesmos. Você sabe falar com seus fantasmas mentais? Sabe dar um choque de lucidez nas suas fobias?

Grande parte dos seres humanos, mais de 99,9% das pessoas, não sabe que tudo o que é produzido na mente é registrado. Isso quer dizer que cada pensamento perturbador, uma vez registrado, não pode mais ser deletado, e a pessoa não sabe como intervir no seu lixo mental, não sabe reciclar tudo aquilo que a controla, encarcera e asfixia. Isso é muito triste. Por isso a metodologia do Programa Escola da Inteligência vem contribuir para que crianças e adolescentes tenham mais condições de ser autores de sua própria história.

A partir das minhas experiências, criei também a Academia de Gestão da Emoção, AGE, para oferecer cursos *on-line*, com o intuito de que as pessoas desenvolvam o seu potencial criativo e as habilidades do seu Eu para dirigir o seu próprio roteiro e, pelo menos minimamente, ser protagonistas da própria história.

Agora, com este livro, gostaria que você não tivesse pressa, mas se nutrisse paulatinamente das técnicas apresentadas, para que possa ter mais condições de criar um ambiente saudável, inteligente, maduro e proativo, de forma que seus filhos possam ver em você um pai encantador, um pai inspirador, uma mãe que os influencia positivamente, uma mãe que os estimula a fazer a mais importante viagem, que todo ser humano deve empreender: uma viagem para dentro de si, para então poder reciclar comportamentos inadequados, rebeldias, teimosias e atitudes agressivas.

Enfim, nós podemos escrever os capítulos mais importantes da nossa história e na relação com quem amamos. Você pode fazer toda a diferença na educação dos seus filhos.

A EDUCAÇÃO ESCOLAR

Começo este capítulo com uma afirmação que não deve ser esquecida: não há filhos difíceis; não há cérebros impenetráveis. Toda mente é um cofre. Não há mentes herméticas o bastante que sejam capazes de resistir à sensibilidade, à generosidade, à sabedoria e à capacidade dos pais de inspirar seus filhos. O que existe são chaves erradas, e, frequentemente, os pais falham porque querem arrombar o cofre dos filhos.

Se os filhos são teimosos, os pais elevam o tom de voz. Se os filhos são indisciplinados, os pais se irritam, apontam falhas, acabam sendo agressivos. Se os filhos reagem por impulsividade, baseados no fenômeno bateu-levou, os pais também agem com impulsividade pelo fenômeno da ação e reação. Se meu filho me feriu, eu logicamente também o firo; se meu filho me decepcionou, eu acabo imprimindo dor e disciplina a ferro e fogo.

Por favor, a melhor maneira de educar um filho é entender, antes de mais nada, que você precisa pacificar a sua mente para depois pacificar a mente dele. Você precisa investir na sua saúde emocional para depois investir na saúde emocional dos seus filhos. **Você investe na sua saúde emocional?**

Como vimos anteriormente, toda casa tem portas e janelas para proteger contra o ataque de pessoas estranhas, para que os invasores não penetrem na intimidade do lar. Mas, infelizmente, é quase inacreditável que a mente humana não tenha ferramentas de proteção. Faz cinco séculos que as escolas ganharam uma musculatura mais pública. Por exemplo, um mestre ensinava a uma criança dos sete aos catorze anos, ou seja, até ser um pré-adolescente, a arte da ferramentaria, de selar cavalos, de fazer vinhos e uma série de outras coisas; até que chegou um tempo em que se viu a necessidade de os jovens frequentarem escolas porque, no período de sete a catorze anos, eles se ausentavam dos pais, e a afetividade, a emocionalidade ficava asfixiada por causa dessa ausência. Mas agora os filhos frequentam escolas por um período e retornam para seus pais. Isso influenciou demais as relações afetivas. Um exemplo disso é o surgimento do termo francês *mon cheri*, meu querido.

Com o passar dos anos, até a arquitetura dos lares mudou. Antigamente, as casas não tinham corredores laterais, principalmente as das classes menos abastadas. A pessoa entrava e já estava na sala e no quarto, porque não havia separação. Agora, porque se desenvolveu a sensibilidade, desenvolveram-se as relações afetivas: houve a necessidade de preservar quartos e salas para os estranhos não invadirem o ambiente. Também surgiram corredores laterais para que as pessoas estranhas à família não penetrassem na sua intimidade.

Em primeira instância, o salto da educação escolar foi sem precedentes. Mas ela se tornou cartesiana, racionalista, pois ensina milhões de informações sobre matemática, física, biologia, química, geografia e história, mas não ensina o ser humano a penetrar em camadas mais profundas da sua própria mente; não ensina o Eu a gerir seus pensamentos, a proteger a sua emoção. Como vimos, a residência ou casa chamada responsabilidade se tornou terra de ninguém. Um olhar atravessado estraga o dia, uma crítica é capaz de infectar a semana, e uma traição ou uma humilhação pública é capaz de gerar janelas traumáticas a tal ponto que encarceram uma vida. Portanto, essa educação cartesiana e racionalista serve para formar técnicos, profissionais que atuam no teatro da sociedade, mas não é suficiente para desenvolver habilidades como pensar antes de reagir, empatia, resiliência, ou como trabalhar perdas e frustrações, a ousadia, a capacidade de se reinventar diante do caos e das dificuldades da vida.

Por isso desenvolvi a metodologia da Escola da Inteligência, e é por isso que estou ensinando sobre as ferramentas de gestão de emoção: para você se tornar cada vez mais, dentro das suas limitações, um pai ou uma mãe brilhante. Agora, pense comigo: qual é a sua atitude quando se vê contrariado por alguém? Você compra aquilo que não lhe pertence ou vivencia a contrariedade de maneira ingênua? Pense bem: se as pessoas são capazes de infectar a sua emoção com facilidade, como você desejará que os amigos ou colegas do seu filho não infectem a emoção dele? Se você produz muitos pensamentos perturbadores, como quer que seu filho tenha uma mente livre e saudável? Se você não consegue ser autor da sua história, ou seja, as críticas e as opiniões alheias são capazes de fazê-lo sentir-se decepcionado facilmente, como quer que a mente do seu filho possa ter um Eu como protagonista da própria história? Por favor, nós temos de ser honestos. Um pai que não investe na sua saúde emocional e uma mãe que não filtra estímulos estressantes têm poucas condições de estimular seus filhos a investir na saúde emocional deles. Esses pais têm poucas condições de estimular o Eu dos filhos a filtrar estímulos estressantes.

Você, por exemplo, não tomaria uma água contaminada, barrenta, cheia de vírus e bactérias. Todos nós nos preocupamos em não infectar o corpo, mas é quase inacreditável, nessa educação racionalista e cartesiana, em que estudamos milhões de informações sobre o mundo exterior ao nosso corpo, que não estudemos as informações básicas do mundo de dentro, para que o nosso Eu possa ser protagonista da psique. Essa educação racionalista não contribui para o desenvolvimento de mentes livres, proativas, criativas, ousadas e saudáveis. Saiba que, quanto pior a qualidade da educação emocional, mais importante será o papel da psiquiatria e da psicologia clínicas. E você tem de saber que, infelizmente, uma em cada duas pessoas tem ou desenvolverá um transtorno psíquico ao longo da vida. Estamos falando de mais de 3 bilhões de seres humanos, e talvez nem um por cento desse número busque tratamento. Estamos falando de metade do número de alunos de uma classe, e de metade do número de colaboradores de uma empresa.

Por que estamos na era dos transtornos psíquicos? Porque estamos intoxicados digitalmente; nossa mente é saturada com tantas necessidades não necessárias que vivemos um consumismo atroz, consumindo produtos e serviços, mas não habilidades e ferramentas de gestão da emoção para que possamos ter a mente livre e a emoção, saudável. Os pais dão broncas, fazem críticas, apontam falhas, mas não estimulam seus filhos a serem seguros quando erram, não sabem contribuir para que os filhos deem risadas de alguns erros ou de falhas suportáveis. Os pais não são portos de segurança e relaxamento; muitas vezes, estimulam o estresse na própria mente e na mente dos filhos. Portanto, por favor, para que o seu filho possa ter uma mente criativa, livre, ousada, serena, sensível e capaz de escrever os capítulos mais importantes da história dele quando derramar suas lágrimas, você também tem de ter essas características bem trabalhadas na sua própria personalidade.

Enfim, uma pessoa feliz tem mais condições de gerar pessoas felizes; uma pessoa saudável, tranquila e serena tem mais condições de formar filhos também saudáveis, serenos e proativos. Mas uma pessoa tensa, ansiosa, irritadiça também contribui com muita facilidade para formar filhos ansiosos, irritadiços, que reagem pelo fenômeno bateu-levou. Cuide de sua saúde emocional para ser capaz de cuidar da saúde emocional de seus filhos. E lembre-se de que a educação mundial é cartesiana, racionalista; ela nos leva a conhecer o mundo de fora, mas não nos leva a conhecer o mais complexo de todos os mundos, de todos os planetas: o planeta mente.

Para que o seu filho possa ter uma mente criativa, livre, ousada, serena, sensível e capaz de escrever os capítulos mais importantes da história dele quando derramar suas lágrimas, você também tem de ter essas características bem trabalhadas na sua própria personalidade.

O BIÓGRAFO DO CÉREBRO

Como *Homo sapiens*, uma espécie pensante, estamos no topo da cadeia, com inteligência acima de milhões de espécies animais, e vivemos neste intrigante planeta Terra, mas raramente exploramos a superfície do planeta mente, a nossa psique. Não temos consciência crítica do espetáculo da construção do pensamento. Imagine um pensamento perturbador, por exemplo, quando você se pune ou se acha incapaz; mesmo que isso o asfixie, saiba que nem de longe ele é produzido com baixa complexidade. Para tal, você entrou na sua memória em meio a bilhões de opções, resgatou verbos, substantivos, adjetivos e os organizou. Você conseguiria deixar o ambiente onde está neste exato momento e visitar um amigo a quilômetros de distância, de olhos vendados, sem esbarrar em objeto algum? É praticamente impossível. Como, então, você entra na cidade da memória, que é milhares de vezes mais complexa que a cidade onde você se encontra, e consegue resgatar os endereços que a constituem, as cadeias de ideias, os pensamentos, as fantasias, o sofrimento por antecipação, a combinação de perdas, mágoas e frustrações?

Nunca se diminua. Você é um ser humano extremamente sofisticado. Na nossa mente ocorrem fenômenos mais complexos que no universo, como os buracos negros, por exemplo, que sugam planetas e estrelas inteiros por causa de sua densidade gravitacional. Mas não ficamos deslumbrados com a nossa própria mente nem encantados com a mente dos nossos filhos. Nós damos broncas, apontamos falhas, somos toscos, somos rudes. Estamos preparados para consertar máquinas, mas não para formar mentes brilhantes, porque intervimos em comportamentos exteriores em vez de estimularmos as pessoas a pensar com consciência crítica, com inteligência, para não serem vítimas, mas sim autores de sua própria história.

Tudo o que você pensa é registrado na sua memória. Você sabia disso? Vamos, portanto, conhecer mais o mundo que somos. Vamos falar do biógrafo do cérebro, o fenômeno RAM (Registro Automático da Memória).

Se você já leu sobre isso em meus livros ou se já teve aulas em alguns outros cursos, seja humilde para seguir com a leitura, porque eu sou um eterno aprendiz desse e de outros fenômenos e, quanto mais estudo, mais fico encantado, perplexo e mais sinto a necessidade do meu Eu de desenvolver ferramentas de gestão de emoção para que eu tenha uma mente livre e saudável. Portanto, nunca se diplome, por mais que você aparentemente conheça os fenômenos.

Existem pessoas, inclusive celebridades, que impugnam os seus biógrafos não autorizados porque eles escrevem, por exemplo, informações que não condizem com a realidade ou entram na intimidade delas e acabam divulgando informações que elas não queriam. O que essas celebridades não sabem é que nós temos um biógrafo implacável em nosso cérebro, que registra tudo, inclusive aquilo que não falamos: ele arquiva cada emoção (tensão, ansiedade, angústia, autopunição), registra cada pensamento (perturbador, agressivo, violento ou incapacitante). Todos os dias há um biógrafo que não dormita. Tente deletar os dias mais tristes de sua história; tente apagar as pessoas que feriram, machucaram, decepcionaram você. Quanto mais você tentar, mais o biógrafo do cérebro registrará essas lembranças de maneira privilegiada, formando janelas *killer*, janelas traumáticas.

A gestão de emoção de pais brilhantes tem o objetivo de orientar os pais para formar filhos livres, cada vez mais inteligentes, mas também emocionalmente saudáveis. São ferramentas de prevenção de transtornos psíquicos. "Ah, mas meus filhos já estão dando uma série de problemas! Meus filhos são irritadiços, indisciplinados, agressivos... Eles não têm limites!" Calma, nós sabemos que educar é extremamente complexo. E eu tenho a tarefa de ajudar você, passo a passo, para lidar também com esses filhos que já estão apresentando comportamentos inadequados. Se você for perseverante e entender que educar é semear com paciência e colher com perseverança, as ferramentas de gestão da emoção poderão ser muito efetivas.

Pai, mãe, você sabe quando começa o processo de formação da personalidade? Será quando a criança é expulsa do útero para o ambiente social em que nós vivemos? Não. A vida começa com a carga genética; então, quando o cérebro do feto está razoavelmente formado, no final do primeiro trimestre, o fenômeno RAM começa a registrar as experiências. Então, a mãe estressada, tensa e preocupada descarrega uma nuvem de moléculas que atravessa a barreira placentária e também estressa o cérebro do bebê, e o fenômeno RAM vai registrando. Se a mãe tem uma discussão com o pai durante o período de gestação, ocorrem a contração da parede uterina e o aumento da pressão do líquido amniótico no feto. Isso também é registrado. Enfim, existem milhares de experiências que o biógrafo do cérebro vai registrando no ambiente fetal. É por isso que faço um pedido a você, mãe: proteja-se. Evite atritos. Lembre-se: "Minha paz vale ouro; o resto é insignificante. O meu bebê, o meu filho é mais importante". Quando você se acalmar, ele também se acalmará. Ele aprende a gostar de música, vai identificando a tonalidade e o timbre da sua voz; tudo isso é muito importante para você criar um ambiente saudável. Não alimente o sentimento de culpa se errou. A sabedoria de um pai ou de uma mãe não está em não falhar ou não errar, mas, sim, em usar seus erros e suas falhas para crescer e se reinventar.

O Eu representa a capacidade de escolha, a consciência crítica, a identidade de um ser humano. Se o Eu não é líder de si mesmo, ele será escravo em uma sociedade livre. Se o Eu não dirige a única empresa que não pode falir, a mente humana, ainda que alcancemos o sucesso social, econômico, ainda que tenhamos brilho intelectual, acadêmico, nós seremos opacos: o principal lugar em que devemos ser saudáveis e brilhantes é no território da emoção. É por isso que pergunto a você: **o seu Eu é saudável? É líder de si mesmo? O que o Eu de seus filhos está aprendendo? O Eu de seus filhos está aprendendo a gerir os pensamentos e as emoções deles?**

Infelizmente, o nosso Eu é pessimamente formado pelo sistema educacional em todo o mundo, até mesmo nas principais universidades: Harvard, Cambridge, Oxford, MIT... Por quê? Porque ninguém trata desse assunto. Ninguém explica que precisamos de um executivo para dirigir a mente humana, um piloto para manobrar a aeronave mental. Nós simplesmente desenvolvemos a personalidade abarrotados por milhões de experiências e informações, mas que dizem muito pouco a respeito do mundo que somos, do universo dos sentimentos e dos pensamentos, da capacidade de sermos autores da nossa história. **Se você não dirige o veículo da sua mente, provavelmente não estará preparado adequadamente para ensinar o seu filho a dirigir o veículo da mente dele.** Para entender o processo de formação do Eu como gestor da nossa psique, como líder de nós mesmos, temos de entender os três tipos de memória: a memória genética, a memória existencial ou inconsciente e a memória de uso contínuo ou consciente.

A primeira memória vem da carga genética dos nossos pais. Temos 46 cromossomos, pois recebemos vinte e três cromossomos do nosso pai e vinte e três da nossa mãe, e são eles que formam a carga genética que influencia a nossa personalidade. Por exemplo, se somos sensíveis, se os estímulos nos afetam, ou mais dinâmicos e proativos, ou mais calmos, mais interiorizados.

É a memória genética que influencia o processo de formação da personalidade. Mas saiba que, se o pai ou a mãe é depressivo, não quer dizer que o filho ou a filha se tornará depressivo futuramente, porque, com o passar do tempo, os fatores que alavancam o processo de formação da personalidade são também as experiências existenciais, que serão registradas na memória inconsciente e também na Memória de Uso Contínuo, MUC, a memória consciente. Por isso é possível destacar, no processo evolutivo da personalidade, que, se o pai ou a mãe é alcoólatra, o filho não necessariamente desenvolverá o alcoolismo. Às vezes a pessoa tem alguma fobia, como o medo de falar em público, ou seja, glossofobia, ou o medo de ficar em lugares fechados, a claustrofobia, por exemplo. Essas experiências não estão dentro da MUC, mas estão na ME (Memória Existencial), que frequentemente é resgatada diante de uma situação estressante e, por consequência, imprime dor, angústia e fragilidade no Eu que não consegue ser autor da própria história naquele foco de tensão. Agora, existe uma dança entre a ME inconsciente e a MUC consciente? Constantemente, quando encontra uma amiga que não via há décadas, você traz as experiências da ME para a MUC. Por sorte, quem domina grande parte de nossa psique é a MUC, e é por isso que você tem de ensinar aos seus filhos a intervirem na própria mente.

Resumindo, a memória genética influencia e predispõe a formação de características da personalidade, mas não é determinante. A MUC representa muito provavelmente 2% da nossa memória, e influencia grande parte da produção de cadeias de pensamentos e de emoções que temos em nosso dia a dia. Ela é a mais importante memória. E a ME influencia, sim, a personalidade, mas é possível renová-la, reinventá-la; ou seja, podemos construir um ambiente da MUC para não sermos escravos do nosso passado.

AS JANELAS DA MEMÓRIA

Janela da memória parece um nome inusitado, não?! Por que, no processo de desenvolvimento da teoria da inteligência multifocal, durante três décadas estudando sobre a construção do pensamento, a formação do Eu e a gestão da emoção, eu desenvolvi o termo "janela da memória"? Porque nós enxergamos o mundo pelas janelas da memória. Reagimos aos ventos, aos estímulos, às crises, às dificuldades, conhecemos nós mesmos e os outros através das janelas da memória.

Cada momento existencial vivido, mesmo que você não perceba, abre algumas janelas da memória, para que você tenha consciência de quem você é e de qual é o seu papel social. Portanto, janela da memória é a forma pela qual o *Homo sapiens*, ou seja, o ser humano, enxerga e reage ao mundo exterior e ao seu próprio mundo. Existem três tipos de janelas: as janelas neutras, as janelas *killer* ou traumáticas e as janelas *light* ou saudáveis.

As janelas neutras representam mais de 90% de todas as janelas da memória. São as janelas ou os arquivos que temos

Reagimos aos ventos, aos estímulos, às crises, às dificuldades, conhecemos nós mesmos e os outros através das janelas da memória.

e não têm conteúdo emocional, ou têm um conteúdo emocional irrelevante. Todos os dias, o biógrafo do cérebro, o MCU, registra milhares de pensamentos e imagens e forma as janelas neutras. Desde a aurora da vida fetal, você registra janelas neutras. Quantas informações você aprendeu na escola, centenas de milhares? Milhões? Grande parte delas é neutra, não tem conteúdo emocional. Também os dados que você adquire na empresa formam janelas neutras. As janelas neutras contêm os números telefônicos, as fórmulas matemáticas para desenvolvermos os códigos linguísticos, as cadeias de pensamentos. As janelas neutras, portanto, são responsáveis pelo universo de respostas que nós damos sem conteúdo emocional. Elas expressam o nosso raciocínio esquemático, a nossa capacidade de síntese, de desenvolver ideias e de atuar, seja na empresa, seja na escola, nas relações com as pessoas, mas não têm conteúdo emocional importante.

Agora, as janelas *killer*, traumáticas, e as janelas *light*, saudáveis, definirão as características de personalidade. Lembre-se: nós temos um biógrafo não autorizado em nosso cérebro. Quando você tem uma experiência com alto volume emocional, que imprime dor, forma janelas *killer*. Todas as experiências que, de alguma maneira, imprimem dor, formam janelas *killer* ou traumáticas. Às vezes elas não são grandes, não têm grande influência na personalidade.

Em contrapartida, você tem de saber que janelas *light* são janelas saudáveis. Quais são as principais janelas saudáveis? Solidariedade, altruísmo, ousadia, coragem, resiliência, capacidade de pensar antes de reagir, de não se curvar à dor, de filtrar estímulos estressantes, de não gravitar na órbita do que os outros pensam e falam de nós, de trabalhar perdas e frustrações. Essas janelas são muito importantes, e os pais têm de se preocupar em formar o máximo de janelas *light* ou arquivos saudáveis para gerar núcleos que expressem essas características de personalidade.

Pensar antes de reagir não advém de uma janela solitária, mas de um grupo de janelas importantes. Todos os dias você precisa levar o seu filho a não reagir sem pensar. "Filho, você é inteligente, você é capaz. Quando alguém ofender você, ou quando ficar decepcionado, mesmo que seja com a mamãe ou com o papai, respire, relaxe. Pense antes de reagir." Outro exemplo é o de se colocar no lugar do outro, uma característica nobilíssima. Prevenir a psicopatia é muito importante. Para isso, você tem de ensinar a empatia. "Filho, coloque-se no lugar do outro. Como você se sentiria se estivesse no lugar dele?" Pai, mãe, é importante que saiba que, em cinco segundos, você pode mudar uma história para o bem ou para o mal. Se disser para o seu filho frases como: "Você não vai se tornar nada na vida se continuar desse jeito! Você só me decepciona!", tenha em mente que é o momento de ação do biógrafo do cérebro registrando janelas *killer*.

Sabendo da existência das janelas da memória, e da importância delas na construção da personalidade, é hora de refletir: que tipo de janelas você está formando em seus filhos? Você é generoso, altruísta? Você se preocupa que seus comportamentos estejam gerando janelas *killer* ou traumáticas? Você sabe quais pesadelos estão assombrando seus filhos? Sabe quais pensamentos estão asfixiando as emoções deles? Sabe quais ideias estão lhes tirando a tranquilidade? Eles se punem e cobram demais de si mesmos, mesmo que aparentemente sejam alienados? Pais brilhantes se preocupam com a formação de janelas da memória. Pense nisso!

O PROCESSO DE CONSTRUÇÃO DE PENSAMENTOS

Hoje, o que me entristece é que, no mundo todo, grande parte dos pais está perdendo seus filhos porque intervém na educação deles como um técnico atua para consertar um aparelho: apontando falhas, criticando comportamentos, em vez de estimular o Eu a ser autor da própria história, de estimular o uso das ferramentas de gestão da emoção. Nunca se esqueça: o seu filho é um ser extremamente complexo. E reitero: é mais fácil dirigir uma empresa com milhares de colaboradores do que educar um filho para ter a mente livre e a emoção, saudável. Por isso, seja o eterno aprendiz. Não apenas ao ler aqui sobre gestão de emoção dos pais brilhantes, mas ao longo de toda a sua vida. Vamos continuar penetrando em camadas profundas da mente humana.

Além do Eu, que representa a capacidade de escolha, a consciência crítica e a autodeterminação, ou seja, é o gestor da mente humana, existem quatro fenômenos inconscientes que acontecem em nossa mente. Brilhantes teóricos, como Freud, Piaget, Vygotsky, Hegel, Kant e Sartre, desenvolveram teorias excelentes,

Nós não mudamos o outro, não mudamos nossos filhos; eles mesmos têm de se reinventar, eles mesmos têm de se reciclar.

mas não tiveram a oportunidade de estudar sistematicamente o processo de construção de pensamentos. Se um pai dá uma bronca no filho, se critica o filho na frente de outras crianças ou dos outros irmãos, ele detona o gatilho e abre a janela *killer*. Então esses dois copilotos entram em ação e provocam o piloto, a âncora da memória, a fechar circuito. Consequentemente, aquela criança ou aquele jovem asfixia a capacidade de resposta do Eu. Todas as atitudes indelicadas dos pais e dos professores acionam o fechamento do circuito da memória, e com isso surge uma dificuldade atroz de dar respostas inteligentes diante de situações estressantes.

Muitos pais querem mudar o cérebro de seus filhos; esses pais não entendem que ninguém muda ninguém, mas temos o poder de piorar os outros. Porque, ao detonar o gatilho, abre-se a janela *killer* e fecha-se o circuito da memória. Nós não mudamos o outro, não mudamos nossos filhos; eles mesmos têm de se reinventar, eles mesmos têm de se reciclar. Assim, em um momento de tensão, você tem de ser o gestor, para estimular as crianças e os jovens a ser gestores da própria emoção. Para alcançar resultados com as ferramentas de gestão da emoção de pais brilhantes, é preciso caminhar passo a passo. Você planta sementes, parece que elas morreram, mas dali a pouco a vida naquela semente eclode, formando uma árvore, o ciclo continua, e as flores desabrocharão.

Pense em si mesmo. Quando alguém o ofende, você não quer pensar no seu ofensor. O seu Eu não quer pensar no seu desafeto, mas não adianta. O seu Eu é frágil naquele momento, principalmente se não souber as técnicas de gestão de emoção. Então, o autofluxo é soberano: um copiloto que leva a aeronave mental a desenvolver trajetórias ou pensamentos que você não quer ter; é quando você constrói raiva, ódio, angústia, ansiedade, pensamentos vingativos em relação a esse ofensor. É preciso se questionar: quem está dominando você: o seu Eu ou o autofluxo? As janelas *killer* ou as janelas *light*? Quem está no controle da sua psique?

Se o autofluxo estiver lendo e relendo janelas traumáticas, a mente humana será um canteiro de estresse de pensamentos perturbadores, autopunição, autocobrança, ruminação de perdas, mágoas e frustrações. São bilhões de pessoas que nunca desenvolveram ferramentas de gestão de emoção para ter uma psique livre, uma emoção saudável. Por favor, não se esqueça: o autofluxo lê janelas que estão abertas, e, quando as janelas são traumáticas, o seu Eu tem de intervir; se não o fizer, ele é irresponsável como consumidor psíquico. Usando a figura do teatro, o seu Eu será um espectador plantado na plateia. Lá no palco, estarão o gatilho da memória, também chamado de fenômeno da autochecagem da memória, a janela *killer*, e a âncora vem com o autofluxo lendo e relendo aquela janela, ou seja, os quatro atores coadjuvantes estão dominando o roteiro da sua mente e o roteiro da mente de bilhões de seres humanos.

Você, pai ou mãe, não imagina como essa metodologia, que utilizamos com as crianças no programa Escola da Inteligência, é arrebatadora. Pais ensinam a seus filhos que quem deve dirigir o roteiro da vida todos os dias é seu próprio Eu. A mente humana é uma usina de ideias. Ensine seus filhos a ser protagonistas da própria história.

Querido pai, querida mãe, é importante que você sempre se lembre: somos eternos aprendizes. Temos quatro copilotos inconscientes que leem a memória sem autorização do Eu e agem como uma grande usina produzindo pensamentos e emoções. O primeiro copiloto é o gatilho da memória ou autochecagem; o segundo copiloto são as janelas da memória, que podem ser de três tipos: neutra, *killer* ou *light*; o terceiro copiloto é a âncora da memória, e o quarto, o autofluxo. É importante que eles se mantenham somente como coadjuvantes – nunca como protagonistas da história da sua vida e dos seus filhos, que deve ser liderada pelo seu Eu saudável.

OS TIPOS
DE PAIS

Existem muitos tipos de pais. Naturalmente, cada pai e mãe tem muitas características, mas algumas delas se sobressaem, o que nos permite categorizá-los. Vamos falar sobre alguns deles.

O primeiro tipo são os pais impulsivos, explosivos, aqueles que reagem sem pensar. Eles se comportam conforme o fenômeno da ação e reação, estímulo-resposta, bateu-levou. Porém, toda pessoa impulsiva gera um rastro de dor por onde passa. Por quê? Se um pai ou uma mãe não suporta a mínima contrariedade que já eleva o tom de voz, já critica, tem um comportamento descontrolado, deixa tudo isso registrado no córtex cerebral dos filhos, criando uma agenda para que eles também expressem impulsividade. Uma pessoa impulsiva promove o autodescontrole: um Eu que não consegue ser autor da própria história, mas também promove o descontrole dos filhos.

Como vimos anteriormente, em cinco segundos podemos mudar uma história para o bem ou para o mal. Da próxima vez que você se sentir frustrado por causa de outra pessoa, não reaja pelo fenômeno

"Minha paz vale ouro; o resto é insignificante. Meu Eu pode ser autor da minha história."

bateu-levou. Da próxima vez que alguém o decepcionar, pense que você não é obrigado a comprar aquilo que não lhe pertence. Pense: "Minha paz vale ouro; o resto é insignificante. Meu Eu pode ser autor da minha história". Você tem de ser paciente e todos os dias usar as ferramentas que estamos propondo para formar não janelas isoladas, mas, cada vez mais, janelas que formam um núcleo, ou um bairro, metaforicamente falando, para expressar uma característica de personalidade que você almeja: o autocontrole, o equilíbrio psíquico. Não há equilíbrio pleno, claro. Todos nós, de vez em quando, mesmo por mais dosados e serenos que sejamos, teremos algumas reações que mostram descontrole, impulsividade. Mas isso tem de se tornar esporádico.

Falaremos agora sobre outro tipo de pais: os superprotetores. Você sabia que os pais superprotetores na realidade desprotegem a emoção dos filhos? Digo isso porque eles não querem que os filhos se machuquem, que passem por dificuldades, que sejam traumatizados pelos seus colegas; mas, na realidade, toda superproteção é uma ficção, porque um pai que não permite que os filhos passem por situações estressantes, privações e crises também não cria condições para que esse filho desenvolva janelas *light* que financiam a resiliência, ou seja, a capacidade de suportar contrariedades e manter a dignidade. Lembre-se: seus filhos têm de estar preparados para a vida. Se alguém praticar *bullying*, em vez de você ficar extremamente angustiado e querer ir à forra com os valentões, diga para o seu filho: "O que ele fez é errado, mas, filho, você pode ser forte. Você pode construir um Eu que é autor da própria história, e não gravitar na órbita das pessoas que o machucaram, apelidaram ou feriram". É muito importante que você prepare seus filhos para a vida, porque, muitas vezes, você não estará por perto para protegê-los nos focos de tensão. Não tenha medo quando seus filhos passarem por dificuldades. Tenha medo de não os preparar para ser protagonistas do traçado da própria história.

Outro tipo de pais são os *workaholics*. Todo pai que é um *workaholic* – do inglês, pessoa viciada em trabalhar, ou seja, que tem múltiplas atividades e não tem um romance com sua própria saúde emocional – estressa o cérebro de seus filhos com muita facilidade. Esses pais exigem o que não podem dar. São impacientes, intolerantes, não conseguem rir de algumas falhas suportáveis, levam a vida a ferro e fogo. São interventores de comportamentos, querem consertar reações e atitudes que consideram inadequadas, sem saber que ninguém muda ninguém. Você, pai e mãe, trabalhe um pouco menos. Não queira ser o mais rico de um cemitério ou o mais eficiente profissional em um leito de hospital. Dê um tempo para si, e dê um tempo solene para seus filhos, porque a vida é bela e breve como gotas de orvalho, que por instantes aparecem na mais insidiosa manhã e se dissipam nos primeiros raios solares do tempo. Lembre-se: os seus filhos e a sua saúde emocional representam o que você tem de melhor. De que adianta ganhar um mundo e ser um miserável morando em um palácio? De que adianta ser um intelectual, mas não saber curtir a vida e contemplar o belo, não estimular seus filhos a aplaudir a existência, a se encantar com sua própria história e a trabalhar perdas e frustrações? De que adianta ser aplaudido pela sociedade e ser opaco dentro de casa? Quando chegar em casa, não fique usando os celulares; não dê um péssimo exemplo para seus filhos. Não fique conectado às mídias digitais durante as refeições. O tempo em que você está com seu filho tem de ser o mais caro do mundo. Tem de ser aquilo que o dinheiro não pode comprar. Por isso, nunca esqueça que formar mentes brilhantes é se colocar como ser humano em construção, que abraça mais e julga menos, que aposta mais e critica menos.

Sabendo de tudo o que foi trazido neste capítulo, tenha sempre em mente: pais impulsivos reagem pelo fenômeno bateu-levou, mas você tem de aprender a respirar e não reagir sem pensar. Não é bom ser um pai ou uma mãe superprotetor(a). Não queira que os seus filhos tenham uma história isenta de dores, perdas e frustrações. Algumas dessas experiências são inevitáveis, e, quando seus filhos passarem por lágrimas, dificuldades, angústias, diga-lhes que podem e devem ser fortes para escrever os capítulos mais nobres em seus dias mais tristes. Seus filhos não podem ser superprotegidos. E, por fim: não seja um *workaholic*! Por favor, perca um pouco o trivial para conquistar o essencial. Seus filhos precisam de seu tempo, e você tem de ter um caso de amor com sua saúde emocional.

SUCESSORES E HERDEIROS

Pais brilhantes formam sucessores, e não herdeiros. Herdeiros querem tudo pronto, mas quem quer tudo rápido e pronto não elabora suas experiências, não consegue trabalhar suas dores, não tem paciência para elaborar as suas conquistas. São pessoas que querem o pódio sem passar pelo treinamento, ou seja, pelas perdas, pelas dificuldades, pela disciplina. Todo herdeiro que não trabalhou ferramentas de gestão da emoção quer prazer imediato. O sucessor, no entanto, sabe que, para conquistar os mais altos objetivos, é preciso unir sonhos e disciplina. Sonhos são projetos de vida e, sem disciplina, produzem pessoas frustradas, que se decepcionam ao longo da vida. Por outro lado, a disciplina sem sonhos produz autômatos, que só obedecem a ordens.

Os herdeiros rompem, implodem essa ferramenta de gestão da emoção, o casamento dos sonhos com disciplina. Herdeiros também são torradores de herança. Eles recebem a cultura de seus pais, mas não a valorizam, não dão continuidade. Eles corrompem seu passado, rompem sua história, a relação com seus amigos e, em destaque, com seus pais ou responsáveis, como se o passado, a cultura, os conceitos, a experiência existencial não fossem vitais para um ser humano poder brilhar ao longo da vida. Quem não aprende a aplaudir valores como ética, responsabilidade, altruísmo, solidariedade e honestidade não consegue desenvolver uma mente brilhante. Valores são importantes. Cultura e experiência dos pais são vitais.

É preciso ensinar para seus filhos que você lhes dá bens materiais, propicia que frequentem uma boa escola, compra materiais para que possam estudar, livros, cadernos, até mesmo, em alguns casos, aparelhos digitais. Porém, o mais importante não são os bens materiais, mas, sim, aquilo que você e eles são. Você tem de mostrar para seus filhos que aquilo que você é, sua história, sua cultura, tem um preço inestimável. Caso contrário, como um torrador de herança, ele esfacelará a sua cultura. Além disso, os herdeiros querem consumir produtos e serviços. Acabam debelando até os bens que os pais lhes deixaram. Porque, como são pessoas que não labutam, não se reciclam, não têm sonhos, como são pessoas que desenvolvem uma personalidade imediatista, que querem o prazer rápida e descontroladamente, não desenvolvem a mente de um sucessor.

Um sucessor expande a trajetória dos pais, a empresa dos pais, o legado dos pais, porque sabe que as conquistas que seus pais tiveram foram alcançadas às vezes com insônia, com lágrimas, com dores, com muitas dificuldades. E, por tudo isso, aplaudem os pais, expandem e enriquecem a trajetória deles. Mas me preocupa demais que a grande maioria dos pais no mundo todo, em todos os povos, queira facilitar tanto a vida dos filhos que forma herdeiros com muita frequência.

Reitero: herdeiros querem tudo rápido e pronto, são imediatistas; portanto, não elaboram suas experiências, não sabem trabalhar suas dores, torram a herança, esfacelam a cultura dos pais. Em contrapartida, sucessores honram o legado dos pais, aplaudem os valores que eles transmitiram, valorizam a herança financeira, pois sabem que viver em sociedade é uma arte e que as conquistas são muito difíceis. Por isso eles se tornam seres humanos que fazem a diferença no teatro social.

Atualmente, educar filhos pode ser um oásis ou uma fonte de tristeza inenarrável. Querido pai, querida mãe, formar janelas *light*, construir plataformas de arquivos saudáveis para que o Eu de seus filhos se torne protagonista da própria história é o seu grande desafio. Forme ao longo da sua história um legado na sociedade. Forme sucessores apaixonados pela vida e pela humanidade.

Enfim, herdeiros querem tudo rápido e pronto, não elaboram sua experiência, não trabalham suas dores, perdas e frustrações. São torradores de herança, seja ela material, cultural, os valores dos seus pais. Já os sucessores pensam a médio e longo prazo, trabalham suas dores, transformando lágrimas em sabedoria, crises, em oportunidades. Sucessores aplaudem a história de seus pais, valorizam sua cultura e seus valores, porque são apaixonados por eles.

A SÍNDROME DO PENSAMENTO ACELERADO

Ao longo de mais de 20 mil atendimentos psiquiátricos e sessões de psicologia, uma das coisas que mais me preocupava era saber como estava a movimentação dos pensamentos dos pacientes. A mente deles era acelerada demais? O Eu deles era gestor da emoção? Ou será que a mente deles era terra de ninguém?

Sempre me preocupei com a relação que meus pacientes tinham com as pessoas ao longo do desenvolvimento da personalidade, e também sempre os estimulei a atuar no presente, na dinâmica da sua psique. Como pesquiso o processo de construção do pensamento, comecei a desconfiar e, com o tempo, passei a elaborar sobre a existência de uma nova síndrome. A Síndrome do Pensamento Acelerado.

Médicos no mundo todo têm dado diagnósticos errados, considerando crianças, adolescentes e até adultos como hiperativos ou portadores do Transtorno de Déficit de Atenção e Hiperatividade. Veja bem: a hiperatividade é importante, mas é preciso que haja um fundo genético para ela se desenvolver, como um pai agitado, uma mãe biologicamente agitada; alguém na família tem de ter um fundo genético. Ou, então, se a criança nascer prematura, com sete meses, de modo a não ter havido tempo de ela se adaptar no colo uterino, nos últimos meses, para superar – ou pelo menos se preparar para – as intempéries dos estímulos estressantes na vida extrauterina, como ingerir alimentos, ter cólicas intestinais, experimentar frio, o sentimento de ausência da mãe, e assim por diante. A grande maioria das crianças, dos adolescentes e dos adultos não tem hiperatividade. Eles têm essa síndrome que tive o privilégio de descobrir: a Síndrome do Pensamento Acelerado.

A quantidade de estímulos que nós recebemos atualmente é tão grande que satura o córtex cerebral. Uma mente saturada de informações é uma mente que estimula os copilotos a ler a memória numa velocidade tão grande que simula a hiperatividade, gerando sintomas semelhantes. Você tem paciência de conviver com pessoas que não têm o mesmo ritmo intelectual que você? Esse é um dos sintomas. Uma mente que está acelerada por causa do excesso de informações também esgota o seu cérebro, como na Síndrome do Soldado Cansado. Muitos adultos desenvolvem problemas com a pressão arterial e outros sintomas psicossomáticos. Ouça o cérebro clamar: "Eu sou mortal; não sou uma máquina inesgotável!". Apaixone-se por você mesmo! O seu cérebro grita, por intermédio das suas dores de cabeça, por intermédio das dores de cabeça do seu filho. Ele grita por intermédio do cansaço pela manhã, porque o sono não foi reparador.

Nós não aprendemos as ferramentas de gestão da emoção. As crianças têm tempo para tudo, mas não para viver a infância. São tantas as atividades que nos esquecemos de que eles são seres humanos, que precisam relaxar, aventurar-se. Nós os atolamos com uma série de atividades e projetos. Então, em vez de ter um caso de amor com sua saúde psíquica e com as suas relações familiares, eles se tornam egoístas, egocêntricos e individualistas. Por isso é preciso ter cuidado. A Síndrome do Pensamento Acelerado virou a tônica das crianças, dos adolescentes e dos adultos. Você deve, precisa aprender a relaxar mais, a contemplar o belo. É sua responsabilidade entender minimamente o funcionamento da sua psique, para que o seu Eu possa ser líder de si mesmo, gestor de seus pensamentos, protetor de sua emoção, para estimular seus filhos também a ser protetores da emoção, a desacelerar a mente, a entender que a vida real passa longe das mídias sociais. A vida passa no teatro da família, passa no teatro da sociedade.

Concluindo, a hiperatividade tem um fundo genético, mas a Síndrome do Pensamento Acelerado, que simula sintomas da hiperatividade, como intolerância a frustrações, tem um fundo psicossocial. Nós hiperestimulamos nossas crianças, nossos adolescentes, e diagnosticamos de maneira inadequada o que se passa no território da mente deles, mas esse não é o melhor caminho.

AS DIFERENÇAS ENTRE UM EU MADURO E UM EU IMATURO

Nós temos visto que o Eu representa a capacidade de escolha, de autodeterminação e de consciência crítica, mas o Eu não é bem desenvolvido no teatro da educação do mundo todo. As pessoas têm medo de dividir suas dores, perdas, frustrações, pesadelos, por isso acabam sequestradas dentro de si mesmas. Portanto, é vital que a matemática da emoção possa fazer parte da nossa história. Um Eu maduro precisa da matemática da emoção.

No programa de gestão da emoção, nós deveríamos conhecer os solos da mente humana. O Eu maduro conhece minimamente a geografia da emoção e também o autodiálogo. Não sabemos conversar com nosso Eu: responder quem sou, quais são os meus sonhos... Será que estou enterrando meus sonhos no tapete de minhas atividades? Tenho sido eu uma máquina de trabalhar e estudar, ou tenho investido em minha qualidade de vida? Sou um ser humano completo e complexo. Grande parte das pessoas vive porque estão vivas; elas não se deslumbram com a própria existência, não dialogam consigo, não se encantam com a própria vida. Para essas

Se o Eu é frágil, a mente humana não tem gestão.

pessoas, viver é uma banalidade, o que é um absurdo. Toda pessoa profunda sabe que viver é um mistério. Saiba: um Eu maduro não fica na superfície do planeta mente. O Eu maduro gerencia pensamentos. Para isso, não se esqueça das ferramentas de gestão da emoção para pais brilhantes, a fim de que tenha mais condições de formar filhos mentalmente livres e emocionalmente saudáveis. Basta ter consciência de que educar é formar um Eu que dirige o próprio *script*.

As ferramentas nobres de gestão da emoção são chamadas DCD (que quer dizer Duvidar, Criticar e Determinar), e mesa redonda do Eu. Queridos pai e mãe, para que sejam pais brilhantes, capazes de formar pensadores altruístas, que tenham consciência crítica e sejam gestores da sua própria mente, é vital que ensinem a eles técnicas de gestão da emoção. Uma dessas ferramentas é a mesa redonda do Eu. O Eu não é apenas um executor de tarefas nem uma entidade que absorve o máximo de informações para dar respostas exteriores. O Eu representa o centro da nossa psique, é o gestor da nossa inteligência e deveria ser o líder de nós mesmos. Se o Eu é frágil, a mente humana não tem gestão. A emoção se torna terra de ninguém: qualquer estímulo estressante o infecta. Por isso é muito importante que você desenvolva um Eu maduro a partir da técnica da mesa redonda do Eu, ou seja, o momento em que seu Eu se reunirá com os fantasmas que o assombram.

Quando você for se deitar, gaste um ou dois minutos fazendo a higiene mental. Faça perguntas a si mesmo: "Por que tenho medo de falar em público?", "Por que não sou fiel à minha consciência?". Quem não é fiel ao que pensa tem uma dívida impagável consigo mesmo. "Por que não sou líder de mim mesmo quando estou diante de pessoas estranhas?" A mesa redonda do Eu abre as experiências que patrocinaram dores, angústias, perdas e leva a uma discussão inteligente, embasada em sua própria cultura, porque você não pode deixar de debater seus fantasmas mentais.

A mesa redonda do Eu faz com que você questione, critique e indague situações e pensamentos fora dos focos de tensão. Quanto mais questiona, mais você provoca o fenômeno RAM a construir janelas *light* ao redor do núcleo traumático que contém a fobia. A mesa redonda do Eu, portanto, serve para construir janelas *light*, saudáveis, paralelas ao núcleo traumático.

A técnica DCD, por outro lado, você faz quando está envolvido diretamente no foco de tensão. A sigla DCD quer dizer duvidar, criticar e determinar. A dúvida é o princípio da sabedoria na filosofia. Todos os dias você tem de duvidar de tudo aquilo que o controla, como a sua timidez. Essas técnicas previnem o suicídio e transtornos emocionais, enquanto estimulam a oratória e a capacidade de se reinventar.

Eu quero aprender a dirigir o veículo da minha mente. Eu determino ser autor da minha própria história, gestor da minha mente. Muitos pais não sabem quais são os pesadelos de seus filhos, os dramas, as perdas, as frustrações ou os pensamentos perturbadores, simplesmente porque não perguntam para eles sobre suas experiências, não entram em camadas mais profundas. Por favor, pergunte! Pelo menos uma vez por semana. Seus filhos são seu tesouro; cuide deles com a mais bela inteligência.

    Você está aprendendo muitas ferramentas de gestão da emoção, e neste capítulo conhecemos duas técnicas poderosas, a mesa redonda do Eu e o DCD, além da técnica do diálogo interpessoal aberto e transparente com seus filhos. Para a técnica da mesa redonda do Eu, basta estimular seus filhos a conversar com os próprios fantasmas mentais, a questionar seus medos e receios para que possam fazer a higiene mental e construir janelas *light* paralelas ao redor do núcleo traumático, mas fora do foco de tensão. E a técnica do DCD deve ser feita quando a janela *killer* está aberta e a âncora asfixiou ou fechou o circuito da memória. Essas duas técnicas são importantes para fazer a higiene mental e realizar a prevenção de transtornos psíquicos.

PAIS ADMIRÁVEIS, AGRADÁVEIS E ENCANTADORES

Estamos chegando ao final deste livro sobre gestão da emoção dos pais brilhantes. Mais uma vez, eu lhe peço humildade e paciência: ouça, escreva e aplique essas ferramentas ao longo do traçado de toda a sua história e, quando você falhar, comece tudo de novo, porque educar é semear com paciência e colher com perseverança.

Para encerrar nossas reflexões, trataremos de um assunto vital: pais agradáveis, pais admiráveis e pais encantadores. Esses são três estágios dos pais. Para completar a formação daqueles que de fato brilham na educação dos filhos, responda sinceramente: você é um pai ou uma mãe agradável? Quando dou uma conferência e pergunto quem é, ou quem se considera um pai ou uma mãe agradável, grande parte da plateia levanta a mão! Mas, quando começo a apontar as características de um pai ou uma mãe agradável, ninguém mais se manifesta.

Um pai ou uma mãe agradável tem consciência de que ninguém muda ninguém, temos o poder de piorar os outros,

Todos os pais deveriam ter alergia a ser entediantes, a repetir a mesma coisa quando corrigem alguém.

não de mudá-los. Pais agradáveis não são repetitivos. Todos os pais deveriam ter alergia a ser entediantes, a repetir a mesma coisa quando corrigem alguém. Veja bem: pais que dizem duas vezes a mesma coisa quando corrigem um filho são um pouco chatos, às vezes, é medianamente chato, porém quatro vezes ou mais é insuportável! E grande parte dos pais tem um comportamento insuportável. Portanto, não seja excessivamente crítico nem entediante. Fale uma vez só, porque na segunda ou na terceira, você piorará seus filhos. Diga o quanto aposta neles, o quanto os ama.

Ser admirável é um passo além. Um pai ou uma mãe admirável elogia seus filhos pelo menos três vezes por dia. Qualquer comportamento é digno de ser aplaudido, seja um momento de silêncio, seja um copo de água, um beijo no rosto ou tirar os objetos da mesa e guardá-los na cozinha. Qualquer comportamento pode ser digno de aplauso. De agora em diante, observe comportamentos que passam despercebidos, seja dos seus filhos, seja do seu parceiro ou parceira e até dos seus colegas, e aprenda a considerá-los como suas verdadeiras celebridades. As celebridades reais não são atores ou atrizes de Hollywood, não são cantores ou cantoras; isso é uma estupidez intelectual. As verdadeiras celebridades são pessoas de carne e osso; são aquelas pessoas complexas ao nosso redor que têm defeitos, mas que amamos e devem ser dignas de nosso aplauso. Não existe amor sem admiração. Por favor, pais, sejam agradáveis, sejam admiráveis; do contrário, não adianta pedir que seus filhos o amem, porque amor não é produzido por pressão, por chantagem, pelo tanto que você dá a eles. O amor é produzido pelo tanto que você é e transfere para eles.

Pais encantadores conquistam a medalha de ouro; eles criam janelas *light* duplo P. Lembre-se: existem as janelas *killer* duplo P – por exemplo, um ataque de pânico. Quando uma pessoa entra numa janela *killer* duplo P, o volume de tensão gerado pelo medo da morte ou de desmaiar em público é tão grande que a âncora fecha o circuito, e milhares de janelas não são acionadas para o Eu dar respostas inteligentes e seguras no foco da tensão. Mas existem também as janelas nobres, chamadas janelas *light* duplo P. Ao dizer para sua parceira ou parceiro: "De todas as coisas que conquistei, você foi a mais importante. Muito obrigado por fazer parte da minha história", isso vale mais do que dar um colar de brilhantes, mais que um presente muito caro. Você prepara uma festa de aniversário para seu filho sem que ele saiba; uma festa surpresa, mas não na data que ele espera: numa data diferente, um ou dois meses antes do aniversário, chama alguns colegas. Seu filho entra na sala e de repente as luzes se acendem, e todos começam a cantar parabéns para ele. Pense um pouco, imagine o que acontecerá com o cérebro dele. "O quê? Não é hoje o meu aniversário! Meus pais estão ficando loucos; meus amigos, também!" Ele está surpreso, encantado, fascinado ao ouvir os parabéns! Os pais se aproximam daquele filho, que às vezes tem dificuldade de falar não, é irritadiço, teimoso, tem comportamentos agressivos, e lhe dizem: "Estamos cantando parabéns porque todos os dias somos privilegiados em ter você como nosso filho! Muito obrigado por você existir". Pais que têm comportamentos surpreendentes são incríveis. Pense nisso, expresse coisas nunca ditas. Construa janelas *light* na vida de seus filhos.

CARTA
PARA PAIS
BRILHANTES

Termino aqui este livro sobre as ferramentas de gestão da emoção dos pais brilhantes falando diretamente ao seu coração, tecendo uma carta de amor para encorajá-lo a escrever uma história belíssima, mesmo diante das intempéries que você atravessa.

Vocês podem ter dificuldades e limitações, atravessar o vale do estresse e ter que escalar as montanhas íngremes da formação humana. Podem perder a paciência em alguns momentos e achar que sua jornada é difícil demais – sim, de fato ela é difícil –, mas, apesar de todos os seus defeitos, vocês não são mais um número na multidão, mas são seres humanos únicos para o futuro da humanidade. Especiais pelo menos para quem vocês educam. Lembrem-se: ser um educador é doar-se sem esperar a contrapartida do retorno, achar força no perdão, coragem na fragilidade, segurança no palco do medo, amor nos momentos de abandono. Ser pai é ter uma mente sedenta para celebrar os acertos, ser mãe é ter uma emoção insaciável em dar o que o dinheiro jamais poderá comprar. Sua maior e mais bela loucura é ser apaixonado pelos seus filhos. Eles representam seu maior tesouro.

Raramente educadores recebem prêmios, são aplaudidos ou homenageados, mas todos os anos têm a responsabilidade de receber a maior de todas recompensas, aquilo que dinheiro nenhum pode pagar: observar que as sementes que plantaram no território da personalidade das crianças estão levando-as a se reinventar, que os adolescentes estão aprendendo a pensar antes de reagir e que os universitários estão realizando os seus sonhos em um novo mundo, pelo menos o seu mundo. Ser pai e mãe não os transforma em celebridades, mas os transforma nos anônimos mais felizes do mundo. Ainda que a imprensa não os exalte, que o mundo digital queira descartá-los e as bolsas de valores não os valorize, vocês são imprescindíveis para o teatro da humanidade, pois dirigem o script *no silêncio da sua mente.*

Sem vocês, a peça da vida não se realizaria. Reis passaram pelas suas mãos, milionários irrigaram o intelecto com seus ensinamentos, celebridades foram meninos que beberam na sua fonte e nutriram-se no seu seio. Os seres humanos podem não se curvar diante de reis, empresários, artistas e escritores, mas deveriam todos se curvar aos pés de seus pais, mesmo sabendo que eles não são perfeitos. Por isso, apesar de todas as frustrações, precisamos de sua coragem, do seu âmago, da sua chama. Nunca se esqueçam: os computadores transmitem informações, mas vocês, por meio das ferramentas de gestão da emoção, ensinam a pensar. Os computadores, por mais que tenham inteligência artificial, nunca saberão quais são os sentimentos nem como lidar com as dúvidas, a solidão, as perdas, as angústias, as lágrimas, a timidez, a autopunição, o autocontrole ou a cobrança, porque simplesmente jamais terão essas experiências. Somente por intermédio de vocês seus filhos poderão escrever os capítulos mais importantes da própria história nos momentos mais difíceis de sua vida. É por esse motivo que, ainda que a sociedade e a mídia não os aplaudam, vocês, educadores, pai, mãe, são simplesmente insubstituíveis, inesquecíveis.

Vocês adiaram seus sonhos para que seus filhos pudessem sonhar. Vocês tiveram insônia para que seus filhos tivessem noites tranquilas. Muito obrigado por vocês existirem. Sem vocês, os céus da humanidade não teriam estrelas; sem vocês, a nossa mente não teria criatividade. Vocês fazem toda a diferença em nossa vida. Eu não me curvaria diante de políticos, empresários, homens e mulheres poderosos, mas eu, humildemente, como autor do primeiro programa mundial de gestão da emoção, eu me curvo diante de vocês e os abraço. Obrigado, muito obrigado por vocês existirem!

Augusto Cury

SOBRE O AUTOR

A maior aventura de um ser humano é viajar, e a maior viagem que alguém pode empreender é para dentro de si mesmo. E o modo mais emocionante de realizá-la é ler um livro, pois um livro revela que a vida é o maior de todos os livros, mas é pouco útil para quem não sabe ler nas entrelinhas e descobrir o que as palavras não disseram...

Augusto Jorge Cury nasceu em Colina, estado de São Paulo, no dia 2 de outubro de 1958. É o psiquiatra mais lido no mundo atualmente, professor, escritor e palestrante brasileiro, autor da Teoria da Inteligência Multifocal. Formado em medicina pela Faculdade de Medicina de São José do Rio Preto, fez pós-graduação na Pontifícia Universidade Católica de São Paulo, PUC-SP, e concluiu seu doutorado internacional em Psicologia Multifocal pela Florida Christian University no ano de 2013, com a tese "Programa Freemind como ferramenta global para prevenção de transtornos psíquicos". Na carreira, dedicou-se à pesquisa sobre o processo de construção de pensamentos, a formação do Eu, os papéis conscientes e inconscientes da memória, o programa de gestão de emoção e a lógica do conhecimento e o processo de interpretação.

Cury é professor de pós-graduação da Universidade de São Paulo, USP, e tem vários alunos mestrandos e doutorandos.

É conferencista em congressos nacionais e internacionais. Foi conferencista no 13º Congresso Internacional sobre Intolerância e Discriminação da Universidade Brigham Young, nos Estados Unidos.

Considerado pelas revistas *IstoÉ* e *Veja*, pelo jornal *Folha de S.Paulo* e pelo instituto Nielsen o autor mais lido das últimas duas décadas no Brasil, seus livros já foram publicados em mais de setenta países e venderam mais de trinta milhões de exemplares apenas no Brasil.

No ano de 2009, recebeu o prêmio de melhor ficção do ano da Academia Chinesa de Literatura pelo livro *O vendedor de sonhos*, adaptado para o cinema em 2016, uma produção brasileira com direção de Jayme Monjardim. O romance é considerado um *best-seller*, com milhões de cópias vendidas por todo o mundo. O filme se tornou também sucesso de bilheteria e um dos mais vistos da Netflix. O livro discorre, de maneira profunda, sobre os problemas emocionais e psicológicos e sobre as angústias da humanidade. Devido a todo o sucesso dessa obra, Cury escreveu duas sequências: *O vendedor de sonhos e a revolução dos anônimos* (2009) e *O semeador de ideias* (2010). Outros livros serão filmados, como *O futuro da humanidade* e *O homem mais inteligente da história*.

A teoria da Inteligência Multifocal é uma das raras teorias sobre o processo de construção de pensamentos e adotada em algumas importantes universidades. Ela visa a explicar o funcionamento da mente humana e as formas para exercer maior gerenciamento da emoção e do pensamento.

É autor do Escola da Inteligência, o maior programa mundial de educação socioemocional, com mais de 400 mil alunos, que promove desenvolvimento emocional de crianças, adolescentes e adultos. Elaborou o Programa Freemind, 100% gratuito, usado em centenas de instituições e clínicas, ambulatórios e escolas, a fim de contribuir com o desenvolvimento de uma emoção saudável para a prevenção e o tratamento da dependência de drogas. É autor do programa Você é Insubstituível, primeiro programa mundial de gestão da emoção para prevenção de transtornos emocionais e suicídios, também 100% gratuito, adotado por muitas instituições, como a Polícia Federal e a Associação de Magistrados do Brasil, e por uma nova rede social, a Gotchosen, disponível sem custos para todo ser humano de qualquer país. Entre na Gotchosen por meio do convite do doutor Cury na bio dele do Instagram.